V. 349.

9162.

LES CINQ RANGS DE
# L'ARCHITECTVRE,
A SCAVOIR,
## TVSCANE, DORIQVE, IONIQVE, CORINTHIAQVE, ET COMPOSEE,
AVEC L'INSTRVCTION FONDAMENTALE,
FAICTE PAR HENRY HONDIVS.

*Avec encores quelques belles ordonnances d'Architecture, mises en perspective, Inventees par Iean Vredeman Frison, & son fils, & taillees par le dit H. Hondius, de nouveau reveues & corrigees, Fort serviables & vtiles, pour la fortification & autres vsages.*

A AMSTERDAM
Chez Iean Ianson Marchand libraire.
l'An, 1617.

# Preface au Lecteur.

AFin que quelque imaginacion (ami Lecteur) ne t'empesche de trop grand labeur & peine pour venir a ceste Simmetrie de l'Architecture, par la consideration (comme plusieurs pensent) que l'on se sert en ce temps moderne d'ouvrages beaucoup plus gentils & artificieux, que l'on souloit faire du temps passé, Et la dessus en y prenant si peu de courage, on laisse souvent en arriere, ce qu'autrement seroit aisé a recouvrer, & l'on quitte par vne si doubteuse opinion la practique d'vne science de si grande importance. Adonques pour te delivrer de telle impression, il faut (di-je) regarder ce que nos ancestres ont fait en cest endroict, ainsi comme l'on peut lire & Diodore Sicilien en plusieurs autres de l'antiquité comme de ceux de Babylone, qui avoyent des fruitiers & jardins si hault eslevez par dessus la terre, qu'ils pouvoyent offusquer la lumiere de la ville. Et non seulement cecy, mais vne ville entiere laquelle Busiris feit bastir, ou il y avoit 150. stades de circuit, comprenant 150. escuyeries, chasque escuyerie de telle grandeur que l'on y pouvoit loger dedans 200. chevaux, & par dessus cela cent portes, l'espaisseur des murailles estoit de 24. pieds, avec des ornemens exquis & admirables, ainsi que Plinius tesmoigne. Ledit Pline fait aussi vne description du sepulcre d'Amase, la ou il y avoit trois Piramides lesquelles furent faictes dans l'espace de quatre vingts & huict ans & trois mois, à l'ouvrage de la premiere estoyent employez 36000. hommes, qui la paracheverent dans vingt ans, laquelle estoit large au dessous de chasque quarrure 883. pieds, & en haut au sommet ou à la poincte 15. pieds. La seconde estoit large 737. pieds. La troisiesme estoit (ce dit il) plus petite, mais beaucoup plus exquise. La largeur d'icelle estoit 363. pieds & estoit faite si nettement, qu'il n'y avoit point á remarquer de traces de la joincture ou liaison des pierres, &c. Item ledit Pline chap. 15. raconte des Labyrinthes, vne Histoire fort notable, c'est à sçavoir, qu'il y avoit le premier & le plus admirable en Egypte, a l'imitation & exemple duquel Dedalus feit faire le second labyrinthe en Candie, mais il n'estoit a paragonner nullement avec le premier, car icy il n'y avoit non seulemēt des allees innombrables, pour faire desvoyer les hommes, mais aussi plusieurs portes & huis, desquelles chascune estoit vn Labyrinthe. Le troizieme fut fait en Lemnos, le quatriesme en Italie, Mais de celuy de Candie & Italie (ce dit il) n'y a plus trace aucune. Item parmi les grands ouvrages des Grecqs en Halicarnasse il y avoit le Mausole l'un des sept merveilles du monde, le mesme Pline tesmoigne que le dit Mausole avoit 36. colonnes, Mais C. Cesarianus dit d'avoir eu d'vn homme Greq l'Ichnographie de cest ouvrage, estant figurée avec vn haure demi rond, d'ou l'on voyoit le grand & excellent palais du Roy Mausole, ayant au dessus sur le colosse nomme Acrolithon, &c. Item en Asie il y avoit le grand & fameux Temple de Diane Ephesienne, Actor. Chap. 19. lequel Temple fut parachevé dans 200. ans, par les habitans de toûte l'Asie. Il fut basti par ce tres fameux Architecte Ctesiphon, & Vitruve dit qu'il fut fait par ce Cnesius & Melagine son Fils, & fut parachevé par Demetrius. Ce Temple estoit long de 425. pieds, & large de 220. pieds: de colomnes y en avoit en nombre 127. chasque colomne fut donnée par vn Roy a part, de ces colomnes il y en avoit 36. taillees comme a Rome sont les colomnes d'Antoine, d'Adrian & de Trayan Augustes, mais l'vne d'icelles estoit de Scopas, excellente par dessus toutes les autres. En somme si je debvois ramentevoir la belle structure de la ville de Troye, du Temple de Ste. Sophie, & les Mosquees de Constātinople, le Pantheon à Rome, les obelisques, esguilles, Piramides, Sepultures, & semblables monumens de la venerable antiquité, le temps me defaudroit. Veu qu' encor au jourdhuy les villes d'Asie cōme Cambala, Cathay, Singui ayant en son circuit soixante lieues comme tesmoigne M. Paul. & la ville de Quinsay ayant en sa circonference 100. lieues de passage, en la quelle se trouvent 12. mille ponts de pierre, Item Temixtitan & de ses Palais & Temples, ainsi qu'en a escrit Fern. Cortesius, lesquelles estants aussi bien considerees comme celles que nos Ancestres ont fait bastir & eriger, il ne semble point qu'il y ait chose au monde laquelle nous pourroit retirer de la speculatiō ou faire perdre l'envie d'estudier en icelle. Et n'ay voulu tascher rien autre par cest eschantillon de memoire, si non d'esveiller vn peu les esprits endormis, a l'estude de l'Architecture. Car si l'on veut considerer & mirer au dedans d'icelle, les merveilleux effects dont tout le monde est plein & rempli de memoires, il nous faudra confesser par ensemble, que cecy n'a point esté déduict si avant par des gens oysifs & lanterneurs, qui ne font que se pourmener sur leurs pātoufles, manger & boire, comme si tout leur venoit en dormant. Mais cecy a esté produict par les vaillans robustes & illustres personnages douez d'vn entendement divin en la science de l'Architecture, & acquis par vne soigneuse recherche & vigilance infatigable. Par ainsi je veux a vostre discretion recommander cest ouvrage, esperāt que cestuy nostre labeur precieux sera de plusieurs pris en gré, & on verra dedans l'ordre des cinq colomnes, & leurs ornemens selon la Symmetrie del' Architecture, asçavoir, Toscane, Dorique, Ionique Corinthiaque, & Composee. Item par dessus cela encor divers beaux & magnifiques bastimens d'icelle Architecture, posez en Perspective, qui ont esté inventez par le fameux IEAN VREDEMAN FRISON, par l'espace de 40. ans, ayant continuellement travaillé en ceste science, qu'il s'est acquis dans icelle vn nom immortel, auquel vn chascun doibt aspirer, pour l'honeur de la vertu, qu'on y peut acquerir par ce moyen, joint le profit & l'vtilité, laquelle nous en provient. Adieu soyez. A la Haye ce 30. d'Ougst, 1616.

# De l'Architecture, quelle science
### elle est, & de la doctrine des Architectes.

Rchitecture,c'est a dire,souveraine maistrise de bastir, ou (comme dit *Cesarien*) la science de l'Architecte, est ornee de plusieurs sciences & arts, par le jugement de la quelle comme d'vne sentence & reigle, les ouvrages produicts par autres sciences sont esprouvez, & icelle est sortante de la maniere de bastir & disposer par bon ordre, laquelle vient par vne imitation inveteree & mise en coustume, & icelle est effectuee par les mains, quand on fait quelque chose de quelque matiere que ce soit, la disposition est vne adresse par laquelle on peut comprendre les choses basties, donnant raison de la proprieté d'icelles. Et pourtant il est advenu que les Architectes qui ont travaillé sans doctrine pour devenir maistres de l'ouvrage des mains, n'ont sceu acquerir grande renommee: aussi ceux qui se sont fondez sur les raisons & escripts, il semble qu'ils ont suivi l'ombrage sans avoir attainct a la verité de la chose, mais ceux qui ont appris l'vn & l'autre, estants bien munis, dans peu de temps ont acquis ceste reputation d'estre venus a bout de leur entreprise. Et parainsi il est necessaire d'en avoir l'instruction pour y atteindre, & l'intelligence pour apprendre ces enseignemens. A ceste raison dit Vitruve il faut qu'vn bon Architecte soit homme lettré & sçavant, & qu'il puisse tirer du pinceau & depeindre les choses qui luy viennent au devant. il y adjousté encor la Geometrie, l'Optique & l'Arithmetique, la cognoissance de plusieurs Histoires, de la Philosophie, de la Musique, & de la Medecine. il faut aussi qu'il sçache le droict du pays, & l'Astrologie. Et pour raisons de son dire, il dit, quand vn homme est docte il peut renforcer sa memoire par les livres, & par le pinceau il peut monstrer & mettre devant les yeux ce qu'il veut faire. La Geometrie enseigne le maniement & vsage du cercle, de la reigle & du compas, fort vtile aux structures & bastimens. L'art l'Optique ou Perspective a introduicte la lumiere dans les maisons, par certains coings & reflexions. Par l'Arithmetique on fait la calculation des despens & des mesures, semblablement par la Geometrie on trouve la decision selon la raison sur les difficultez des disputes de la Symmetrie. il faut aussi qu'il soit experimenté en plusieurs Histoires, car touchant les ornemens, il luy en faudroit rendre compte, comme si quelqu'vn faisoit faire des images ou statues de femmes accoustrees a la Sarienne, lesquelles on nomme Cariatides, les posant pour piliers dans quelque ouvrage, y adjoignant par dessus des Mutilas & Coronides, il respondra au demandant, que Carie est vne ville au Peloponese & s'estant rendue du costé des Perses, qui estoyent la partie contraire des Grecqs, & comme il estoit advenu que les Grecqs eurent le dessus contre les Perseans, ils se sont ruez sur la ville de Carie & s'estants rendus maistres d'icelle, y ont tué les Hommes, emmenans les femmes en captivité pour leurs esclaves, & ne voulurent laisser aux dites femmes leurs ornemens, ny leurs vestemens, afin que leur triomphe fut d'autant plus illustre, & partant il est advenu que les principaulx maistres Architectes ont fait ordinairement en leur bastimens telle posture des femmes, portans le faix des maisons, affin que l'on auroit tousiours souvenance de leur punition.

Le mefme feirent ceux de Lacedemoine, quand par vne petite force ils avoyent occis vn grand nombre de Perfeans, ils en feirent leur triomphe baftiflans vne Gallerie, pour feruir de perpetuelle memoire, y mettans dedans les Figures des prifonniers en habits eftranges, les appropriant pour fouftenir le toict, & quafi comme s'ils portoyent fur leurs efpaules la charge de la pefanteur du baftiment, pourquoy ils furent crainćts de leurs ennemis, & leurs citoyens par l'afpect d'icelles furent ftimulez & efguillonez tant plus viuement pour defendre leur liberté. Et enfuiuant ceft exemple il y en a plufieurs qui apres la victoire de Paufanias y ont mis & pofé des Figures de la nation Perfeane, & fait deffus des Epiftiles & des Coronides en y entrelaffant vne Phrife ornee des bagues & joyaux precieux qui furent butinez, comme des couppes, taffes, chaines, patenoftres, qui furent en vfage commun aupres des payens, & deffoubs les pieds ils y mirent puis apres des Stilobates, efquels on engrauoit leur tiltre. De telles Hiftoires il y en a d'avantage, lefquels vn Architecte doit fçauoir. E touchant la Philofophie, elle fait qu'il n'en deuient glorieux, mais affable, familier, droicturier, fidelle, fans auarice. Car fans foy & loyauté, il ne fe peut faire fyncerement aucun ouurage. Il apprend par icelle auffi a cognoiftre le naturel de toutes chofes. Il y a beaucoup de queftions neceffaires, comme auffi en la conduicte des eaux leurs cours & defrouts es planures, tantoft en vne maniere, tantoft en vne autre, fe deriuants les projects des efprits vitaulx, auquel affaire nul ne peut aider finon celuy qui entend la phyfique & les fources & commencements originaux des chofes. Et quiconque lira Crefebe ou Archimede, ou ce que les autres ont efcrit d'eux, il ne les pourra entendre fans la Philofophie. Item la Mufique, la maniere de laquelle fouloit produire des Baliftes & Scorpions, comme auffi les tons es Theatres, combien que cela n'eft plus en vfage chez nous, mais au lieu de cecy nous auons trouué la maniere de fondre les cloches & faire des Orgues, &c. Qui eft vn art particulier. Et par la Medecine les conftellations du ciel, en Greq Climats, le jugement des places qui ont vn air falubre ou peftilential, & aufsi l'vfage des eaux, pour recognoiftre & choifir les habitations comodes. Item il faut qu'il fache aufsi les droicts des communs Edifices, comme les limitrophes & partages des heritages, les lumieres des maifons, les efgouts des eaux, affin que n'ayant fait finon auec prudence & difcretion fon ouurage il ne laiffe en peine le maitre de la maifon, a caufe des grands frais & defpens inutiles. De l'Aftronomie on cognoift les 4. vents Ooft, VVeft, Zuydt, Nordt, les raifons des influences du ciel, l'equinoctial, les folftices, les cours des eftoiles, car qui n'en a cognoiffance, il ne pourra nullement entendre les raifons comment fe doiuent faire les horologes, quadrants & compas folaires, ainfi que fouuent il s'en faudra feruir a aucuns edifices. Partant vn excellent Architecte, ne prefumera pas fi toft de foy mefme d'eftre parfait en fon art, fi ce n'eft que preallablement il fe foit par vne longue experience acquis cefte habitude. Venans donques a noftre matiere de l'Architecture laquelle eft conftituee de fes ordonnances & difpofitions, & de l'eurithmie ou aptitude des Symmetries, decorations & ornemens bien feants & de leurs diftributions bien propres, les efpeces de ces difpofitions appellees en Greq Idees, font trois: a fauoir l'Ichnographie, l'Orthographie & Scenegraphie. L'Ichnographie eft vn vfage du cercle & de la reigle es plattes formes, ou fondemens des Edifices. L'Orthographie eft vne veue directement en hault au deuant, ou au frontifpice, tiree par mefure hors de l'Ichnographie en vne Figure de l'ouurage futur. Scenographie vient au deuant & au cofté fur le centre auec fes lineemens. Eurithmie eft en fomme quand toutes les parties de l'ouurage s'accordent & conuienent par enfemble, comme la haulteur auec la largeur & la largeur auec la longueur, s'accordans en proportion ou Symmetrie. La Symmetrie eft vne efgale conformité de toutes les pieces de l'ouurage, quand chafque piece de l'ouurage total aura fa certaine mefure, comme dans le corps humain, de la coudee, du pied, de la paulme, du doigt, il y a vne Symmetrie, ainfi il y en a auffi en la perfection de l'ouurage. Ainfi on trouue es maifons fainctes, dans les Temples & anciennes Eglifes, que de la groffeur ou efpaiffeur des colomnes eft a recueillir le refte de la proportion, du decorement & de l'ornement & bienfeance du baftiment entier, ce que fe parfait en l'eftat, couftume & nature. Par l'eftat, comme Iuppiter, le Soleil & la Lune. En

Hypethros,

Hypethros, quand ils sont posez ouvertement en hault, & soubs le cap du ciel, car leur puissance & vertu resplendissante estoit manifeste. Mais Mars, Minerve & Hercules auront la Dorique, d'autant que leur vertu estant sans delices ou delicatesses, ils auront des Temples representans certaine gravité. Quant a la deesse Venus, Flora Proserpine, & les nymphes des Fontaines & boscages, ils auront des Temples a la façon Corinthiaque, a cause de leur delicatesse & volupté. Iuno & Diane & plusieurs de leurs semblables auront leurs Temples a l'Ionique, laquelle est vne moyenne façon entre la gravité Dorique & la delicatesse Corinthiaque. Le decorum ou bienseance est communement en ces grandes Eglises Temples & maisons, qu'il y faut estre des portes grandes, des portaulx larges spacieux & beaux tant par dedans comme par de hors, accordans a l'advenant avec les ornemens de l'vn & l'autre. Touchant l'apprehension de l'air, pour les chambres ou dormitoires, & librairies, on y prend la partie orientale, quant aux bains, estuves, maisonnettes d'hyver, on les accommode vers l'occident, les caves, celliers, secretairies, ou autres retraictes ayans besoing d'vne lumiere solitaire, on les colloquera vers le Nordt, & cecy se practique souvent selon la situation du lieu, & plus que comme on le desireroit. Quant a la distribution, on se sert d'icelle, quand on ne cerche point ce qui doit estre acquis par grands despens. Car en tous endroicts il n'y a point de Marbre, du buys, des cipres & autres sortes de materiaulx. Ité aussi pour bastir selon la qualité ou dignité des hommes, vne maison provinciale ou maison de ville, & puis vne maison d'vn marchand, ou d'vn gentilhomme, &c. ne peuvent estre semblables l'vne a l'autre. Item l'Architecture est divisee en trois parties, dont l'vne est la structure, & icelle est de deux sortes, comme particuliere & toutesfois commune, comme sont les murailles, tours, portes, &c. l'autre est des Temples & hospitaux. Aucuns Edifices sont pour la commodité & pour la bien seance, comme les havres, marchez, places publiques, rues, & pourmenoirs, &c. Puis apres il faut viser sur les lieux sains pour eviter le mauvais air, aussi les murailles, & tours faut qu'ils soyent mis bien apoinct, les rues faudra conduire, affind'estre delivrees du mauvais vent tant qu'il est possible. Mais affin que l'Architecte se fonde soy mesme bien avant, je vous reconteray ici vn exemple memorable d'vn excellent Architecte nommé Dinocrates, qui se confioit vn peu par trop sur sa suffisance & science. estant comparu devant Alexandre le grand, quand il avoit subjugué l'Asie, toutesfois il y avoit de la peine & difficulté pour parvenir jusques a l'audience du Roy, il estoit homme de grande stature, beau de visage, excellent en faconde & vertu, s'appuyant trop sur les dons naturels, il se despouilla de ses vestemens en son logis, & se feit oingdre le corps de senteurs & huyles odoriferantes, s'estant mis sur la teste vn laurier, & sur l'espaule gauche la peau d'vn lion, & tenant en sa main droicte vne massue comme on depeint la figure d'Hercules, & en ceste posture il marcha tout droict vers le siege du Roy, chascun s'esbahissant, comme feit aussi le Roy, voyans venir vne telle figure d'homme, & estant demandé qui il estoit, il respondit au Roy, je suis Dinocrates le grand Architecte de Macedoine, qui apporte ici (Sire) vne figure a ta gloire, à sçavoir le mont Athon, lequel j'ay figuré comme un homme, & tiendra en sa main gauche vne grande ville, & en la droicte vne tasse, laquelle recevra toutes les eaux de la montaigne, & par la seront icelles desgorgees dans la mer. De ce desseing Alexandre fut fort resioui, toutesfois il demanda s'il y avoit a l'entour des vignes & fruicts pour nourir le peuple d'vne telle ville, mais oyant, qu'il n'y en avoit point, le desseing fut de neant. Ce nonobstant Dinocrates ne fut point abandonné, mais il bastift vne ville en Egypte qui fut appellee Alexandrie du nom du Roy. Par cecy donques on peut appercevoir quelles gens estoyent les Architectes, que non seulement ils pouvoyent tailler Capitelles, Zophores, Coronides, &c. Mais se trouverent tant magnanimes, de s'attaquer a la montaigne d'Athos & de faire vne figure humaine, de ceste estendue in croyable de montaignes, & si la nourriture n'y eust esté desfaillante, cest ouvrage eust surpassé toutes les merveilles de Sepultures, Sculptures, & Architectures, voire le tombeau d'Amase, & le Mausole qui furent posez en memoire perpetuelle, ainsi comme Alexandre surpassa en grandeur tous les autres Roys precedens. Ce brief recit sera pris de l'Architecte en son particulier pour vne instruction, & viendrons a la doctrine & aux enseignemens de nostre livre.

# DESCRIPTION
## DE L'ORDONANNCE ET
### DES ORNEMENS DE LA TVSCANE.

Ouchant la Toscane, elle est communement mise en vsage pour la premiere, combien que selon les tesmoignages des anciens autheurs de l'Architecture, la colomne Dorique a esté la premiere qu'on a mis en vsage, Mais dautant que celle cy a esté trouvee la plus basse & par ainsi la premiere en l'œuvre, nous ferons mention de ceste cy premierement, & devant les autres, & reciterons les proprietez d'icelle au plus brief & si clairement qu'il sera possible. La Toscane donques est mise aucunefois en six & autrefois en sept parties, en la haulteur avec la base & le chapiteau, chasque partie se prend de la grandeur de la colomne la ou elle est plus grosse par embas, mais dautant qu'il est plus en vsage de la distinguer en six parties, je l'ay mis ainsi dans la Figure, & seruira pour vne regle commune, ainsi comme par l'experience je le puis assez verifier, toutesfois selon que l'ouvrage le requerra, l'Architecte se pourra vn peu accommoder, soit de la mettre en sept parties, ou la laisser en six, Touchant la disposition d'icelle commençant de la base, la base faict en haut la moitie de la grosseur de la colomne, & se partira en deux, l'vne pour le plinthus, l'autre partie se distingue en trois, dont les deux parts auront le Thorus, & la troisiesme la Cincta : pour faire le Project ou estendue de la base, il faut tirer vn cercle si large, comme la Colomne sera par embas, & est ici notee en ceste figure par la lettre R. Par dehors dudit cercle il faudra tirer vne quarrure, & a l'entour des coings de la quarrure il faudra tirer encor un cercle aboutissant aux quatre angles de ladite quarrure. Cecy sera le Project, estendue & saillie extericure. Et combien que les autres Bases ont leurs plinthes en quarre, toutesfois (selon la doctrine de Vitruvius) ceste cy sera ronde, & ainsi elle est en vsage pour la pluspart. Touchant la Colomne, on fait la quatriesme partie plus menue au dessus, que par embas, a chasque costé de la Colomne vne huictiesme partie, & cecy en telle maniere : le tronq ou corps de la Colomne en hault est distinguee en trois esgales parties, la troisiesme partie au bas sera dirigee tout droit en hault, puis on y tire vn cercle demi rond, sur iceluy on fait venir deux lignes perpendiculaires, de dessus de la colomne jusques au cercle susdit, sur lequel ici sont desseignees quatre lignes Paralelles, lesquelles en perpendiculaire ou droictement sont tirees enhault, selon la designatiō des deux parties superieures (lesquelles se pourront aussi deseigner en pareilles parties quand on le voudra faire) desquelles se peut tirer fort commodement la colomne sans aucunes poinctes, & faudra vser de ceste maniere sur toutes les autres colomnes, ainsi comme ceste figure vous monstre. Touchant le Chapiteau, il se fait de la haulteur de la Base, & se devise en trois esgales parties, l'vne partie pour l'Abaque, l'autre divisee ē quatre, trois desquelles pour l'echine, & la quatriesme pour l'anneau ou ceincture. Ceste partition vous est aussi monstree par la mesme figure : la partie troisiesme qui reste sera pour la phrise, la dessus on mettra maintenant les Architrabes, Phrises & Cornisses.  Les Architrabes faits de pareille

haulteur

haulteur des Chapiteaux, & la Tenia faut qu'elle ayt la sixiesme part de l'Architrabe, la Phrise de la haulteur de l'Architrabe avec la Tenie, & le Coronissement aussi de la susdite haulteur, celleci se divise en quatre parties esgales, l'vne desquelles aura la Cimatie, deux ont la corone, & la partie restante de la Cimatie en hault, le project ou extension qui panche au dehors devra estre faicte comme la haulteur du Chapiteau total, plustost d'avantage que moins, & dessoubs la Coronne on fait communement des Canalets, soit grands ou petits, selon l'exigence de l'ouvrage, & si les pierres le peuvent supporter on pourra bien faire le panchement exterieur au dehors du quarré, & sert alors bien aux pourmenades, & est plus propice pour en destourner l'eau. Touchant les Stilobates ou Pedestaulx, ils ne semblent jadis point avoir esté en vsage en ceste Colomne, sur certaine reigle, dautant qu'il y en a bien peu qui en font mention, & es Antiquitez ont esté en vsage en diverses manieres, suivant en cecy la doctrine de S. Serli, on fera le corps ou le gros de la Colomne justement en quarré sans la Base ou Cime, dont chascun aura une quatriesme part dudit corps quarré, si que le Pedestal ou colomnes pedales auront six esgales parties, en la haulteur, & quatre en largeur, ainsi se divise la Colomne en six parties, & ensêble aussi le Pedestal, la Cime & Plinthe ne se taillêt point, car il faut que l'un suive apres l'autre, & le corps quarré est perpendiculaire, avec le Plinthe de la Base de la Colomne. Et cecy est briefvement deduit sur ce que j'avois à dire, selon la doctrine de Vitruve, Cesarien & Sebastien Serli, sur la Colomne Toscane, ainsi comme ceste premiere figure vous monstrera, & l'ensuivante pour plus ample preuve.

# DESCRIPTION
# DE L'ORDONNANCE ET
### DES ORNEMENS DE LA COLOMNE
### DORICA

Remierement venant a la Base, de laquelle il y a diverses opinions, car es antiques ceste Colomne a esté en vsage plusieurs fois sans Base, si qu'aucuns sont d'opinion que ceste colomne n'a point eu de Base, ou au moins nulle certaine reigle d'icelle, toutesfois Vitruvius parle en son livre de la Base Atticurge, laquelle je tiens pour la Base Dorique, & ceste cy a esté aussi obseruee du tresexcellent Architecte Bramant, & mis par luy en œuvre, soubs ceste Colomne, & ainsi comme cesluy ci a surpassé quasi tous les Architectes, nous ne cercherons aucun autre pour suiure la verité. Ensuiuant doncques iceluy, il faudra faire la Base haulte, la moitié de la grosseur au dessous de la Colomne, le Plinthe en aura la tierce part, les autres deux parties divisees en quatre, dont l'vne aura le Thore par embas, l'autre par devant la Schotia, ou Trochille, puis le Annulus ou Ceinctes, au dessus & au dessoubs la Schotia, auront chascun vne partie septiesme, ainsi comme il est a voir en ceste figure de la colomne Dorique. Item ceste colomne est divisee par Vitruve en Modelles ou Modules, la grosseur ou espesseur de la colomne au dessous en deux Modules, l'entiere haulteur avec le basement & capiteau en 14. Modules, le corps de la Colomne contient douze Modelles, & la Base & capiteau chascun vne, qui sont par ensemble quatorze modelles, & tout cecy pour la commune reigle, en ceste colomne. La haulteur du Capiteau est divisee en trois, l'vne partie pour le Hipotrachelion ou la Phrise, la ou il faut aussi que la Colomne soit plus menue d'vne sixiesme part, que au dessoubs. Item que la seconde partie soit pour l'Echine, laquelle partie divisee en trois, on laisse les deux parts pour l'Echine, & la troisiesme part aux Annules, la derniere tierce part se divise aussi en trois parties, l'vne pour la Cimatie ou liste, l'autre retient le Plinthe, le project ou estendue par dehors sera comme la haulteur de l'Abaque, ainsi il sera bien seant & apte. Vitruve n'en fait point l'extension si grande, mais a mon advis il y a peu de grace, aussi les anciens ne l'ont point suivi a sa maniere, ou pour le moins bien peu d'entre eux, toutesfois il faut prendre garde selon que les ouvrages seront erigez, hault ou bas, car c'est pourquoy Vitruve veut avoir enseigné l'Architecte en la science des Mathematiques. En oultre sur les susdits capiteaux on posera les Epistiles & Architrabes, desquels la haulteur deura estre d'vn module, & faut que icelle soit partie en sept pieces, l'vne sera la Tenie, la Subtenie & Guttes ensemble seront la sixiesme part d'un Module, dequoy les guttes ont trois parts, & la Subtenie ou liste vne quarte part, les guttes seront six en nombre, esquelles pendantes dessoubs les Tripliphes, la haulteur des Tripliphes sera d'un Module & demy en largeur d'un Module, ceste largeur partie en douze parts, a chascune costé laissant vne part jusques a un demy Canalet, & des dix restantes parties, ii en faudra donner six au plat des Tripliphes, & les quatre aux Canalets, au milieu seront posez les Tripliphes un Module & demi l'un de l'autre,

E  lequel

lequel espace Vitruve appelle Methopa, en icelles on taille communement des testes de Bœuf, & dessus la main des plats ronds, a l'ornement, la raison est que les Payens se seruoyent des plats aux Sacrifices des bestes, ou bien l'on peut laisser vuides ces Methopes, dessus les Chapiteaux des Trigliphes on pose la Coronne avec deux Cimaties, l'une au dessus de la Coronne, l'autre au dessoubs d'icelle, de la haulteur d'un demi Module, lesquelles on diuise en cincq, les trois se reseruent pour la Coronne, & chasque Cimatie vne part, sur la Coronne est mise la Schima de la haulteur d'un demy Module, avec la huictiesme part, & cecy pour la Tenie ou liste au dessus, le project ou saillie par dehors de la Coronne aura deux tiers d'vn Module, au dessoubs contre le project sont posees les guttes en leur rangs, six joignants l'une a l'autre, & trois larges, & entrel'espace des guttes on y taille bien des foudres, ou on laisse la place vuide, le Project de la Schime devra estre comme la haulteur. Item si l'on veut estrier la Colomne, ou la faire avec des Canaulx, il en faudra faire vingt en nombre, & ses estries se font d'un quarré, ce qu'est de la largeur des estries au Centre, de laquelle estant posé le cercle venant d'un angle jusques à l'autre, il retiendra le quart d'un cercle rond, & en ceste maniere est il que l'on se sert de ceste Colomne Dorique, comme se void es Figures presentes. Mais pour faire soubs ceste Colomne le Stilobate ou Pedestal, puis que Vitruve n'en fait gueres de mention, je deduiray ici ce que Cesarien en a laissé par escript, lequel (a mon opinion) en donne les meilleures raisons, comme aussi il se vante d'avoir fondé les Antiques en cest endroict. On fait doncques les Pedestals commencants sur le fondement la ou il faut qu'il soit large, ce dit Vitruve, de la grosseur de deux Colomnes, & Cesarien dit, de trois Colomnes, la plus inferieure largeur divisee en huict parties, des six interieures parties on en tire le Stilobate ou Pedestal, sur les deux parties sont laissees les projects, l'un des huict parties en la haulteur aura le Plinthe, & vne semblable la Base. Et quand ce sera la Dorique, lors la Cimatie superieure est aussi de la mesme haulteur & grosseur avec les Coronalis, entaillee avec Trigliphes & Methopes, comme aussi avec la Tenie & guttes Ce Pedestal est fort bien seant en ordre selon la Simmetric, toutesfois il me semble bon d'en reciter ici encor un autre, & de le mettre en Figure c'est ascavoir de Sebastien Serli, lequel donne aussi des bonnes raisons selon la Simmetrie, commençant du Plinthe de la Base de la Colomne, le Pedestal proviendra esgalement avec le Perpendicule (comme il dit) & la haulteur du corps plat du Pedestal sera premierement mis en quarré, & le cercle estant mis au coing inferieur, ici signé avec la lettre A, jusques au coing B. & ainsi tiré outre jusques au coing C. on fera la haulteur du corps, laquelle on divisera en cincq parties, a l'une desquelles parties on adjoustera pour le Cimatium avec ses appartenances, & encor une partie sera donnee a la Base, lors sera le Stilobate ou Pedestal de sept parties, ainsi comme est la Colomne. Et cecy se monstre en ces Figures clairement, & voy la ce que j'avois a dire le plus succinctement de ceste Colomne, Dorique.

# S'ENSVIT LA DESCRIPTION
# DE L'ORDRE ET DES OR-
## NEMENS DE LA COLOMNE IONICA.

Insi comme la colomne Dorique est prise selon la forme d'vn homme, aussi est ceste colomne Ionique faicte pareillement a la forme d'vne femme, car tout ainsi qu'icelles ont le pied plus petit, aussi a on fait le Diametre de ceste colomne plus menu & plus gresle. Ceste colomne Ionique en general est faicte de 8. parties, en la haulteur selon la grosseur d'embas, avec la Base & capiteau. Vitruve en met en avant 8. & demy, on la fait aussi de 9. parties & d'avantage selon que l'Architecte (par son bon jugement) trouvera convenable. Mais je dis pour une commune regle, qu'il faut que la Base soit de l'espaisseur de la moitié d'une colomne, le Plinthe faut qu'il aye vne tierce part d'icelle, le reste est diuisé en 7. parties, desquelles les trois seront pour le Thore, & les autres quatre demeureront pour les deux Scoties ou Trochilles, avec les Astralagues: les Astralagues auront la 8. partie du Trochille, les bords ou bandeaux seront la 4. partie du Trochille, les deux Scoties se font d'une mesme haulteur, le proiect sera a chasque costé la 8. ou 16. partie, ainsi sera le Plinthe la 4. ou 8. partie davantage a tous costez de la grosseur de la colomne au dessoubs, la Cincta ou la Liste au dessoubs du Thore (apellee par Vitruve Supercilium) dautant qu'elle se trouve pressee de la grandeur & grosseur du Thore, il me semble bon qu'elle soit faite de la moytie plus large que l'autre, car quand la Base de la colomne vient au dessoubs de la veue, il faudra faire les cinctes (qui sont mises au dessous) plus grandes, & quand la Base est posee au dessus de la veue, soit sur des Stilobates ou autrement, il faudra faire les listes ou bandeaux inferieurs plus larges, & ainsi il faudra rencontrer a la bienseance de la veue. Davantage pour la grandeur de ce Thore, il y a eu maints gentils esprits a la curiosité desquels ceste Base n'est nullement agreable, partant j'ay voulu mettre ici vne autre tiree de Sebastien Serli, ainsi comme se verra en la 4. Figure, & que le Plinthe estant faict en ceste maniere, comme a esté dit cy devant, le reste divisé en trois parties, l'une desquelles aura le Thore, l'autre partie sera divisee en six, dont l'une sera donnee a l'Astralague avec sa Ceincte ou liste, toutesfois la Ceincte la moytie tant seulement large comme l'Astralague, la Ceincte au dessoubs du Thore sera autant large comme l'Astralague, & le residu auront les Schotia. L'autre tierce partie semblablement divisee en six parties, l'vne pour l'Astralague, vne demie part pour les Ceinctes, & semblablement s'appuyant aussi les Ceinctes sur le Plinthe, & les quatre parties pour les Scoties. Puis on fait le Chapiteau de la haulteur d'vne tierce partie de la colomne au dessoubs, & le devant de l'Abacque on le fait large de l'espaisseur de la colomne avec vne dixhuictiesme partie davantage, qui sont ensemble dixneuf parties en vne partie & demie, au dedans sera tiree la ligne Cathete, sur la longueur de neuf parties & demy, pendant par dessus le milieu du chapiteau, l'Abacque sera hault d'vne & demie partie, les coings duquel estans tirez soit a costé droict ou gauche, c'est tout un, & est a l'antique, l'un aussi bien que l'autre, & faudra que les Voultes ayent les huict parties qui restent & pendent soubs l'Abacque, depuis l'Abacque en dessoubs jusques au plus pres de l'œil sont cinq parties, &

I

s'vne

l'une d'icelles garde l'œil, & ceste partie sera divisee en six parties esgales, le cercle estant mis sur le nombre 1. aboutissant a l'Abacque, & ainsi tiré vers le bas jusques a la ligne Cathete, puis estant mis le cercle sur le nombre 2. & estant tiré au dessus jusques a la ligne Cathera & puis estant mis le cercle sur le nombre 3. & tourné au bas jusques a la ligne suidite, & puis mettant le cercle sur le nombre 4. en le tournant contre le Cathera, y tenant le cercle, le rapporte un pied sur le nombre 5. & le tournant fait la sixiesme semblable, & ainsi se serre l'œil. Ou l'on peut tailler au dedans des fleurs ou roses. Item depuis le dessoubs du Chapiteau ou depuis l'œil d'embas, il y aura trois parties, qui sont ostees de la colomne, a l'ornement du chapiteau. Item si la colomne est de la haulteur de 12. ou 15 pieds, on fera la haulteur de l'Epistile de la haulteur de la colomne la ou elle est plus grosse, au dessoubs des estries de la colomne qu'on appelle les canaux, desquels il y en aura 24. en nombre, l'un d'iceux divisé en cinq, dequoy les 4. estans pris jusques aux canaux & guttes, la 5. pour la liste appellee Strix, & ainsi d'un bout de la place des listes jusques a l'autre bout estant tiree vne droicte ligne, dequoy le milieu sera le centre de la concavité. Et si l'on voudra faire aucunefois vne colomne gresle laquelle semblera toutesfois plus espaisse qu'elle n'est en soy-mesme, on fait les estries jusques a 28. en nombre. Item d'Abacque est d'un costé autant large comme au devant, en outre l'Epistile ou Architrabe se fera de la haulteur de l'espaisseur de la colomne au dessoubs, si la colomne est haulte de 12. ou 15. pieds (comme il a esté dit) mais si la colomne estoit de 15. ou 20. pieds, lors l'Architrabe aura la 13. partie, & si elle est de 20. ou 25. pieds de haulteur, la colomne sera divisee en 12. parties & demie & l'une d'icelles sera pour l'Architrabe, & si la colomne sera de 25. ou 30. pieds, la haulteur aura la 12. partie, & tant plus que la colomne sera haulte, il faudra que l'Architrabe soit a l'advenant. Cest Architrabe sera divisé en 7. parties, l'vne desquelles sera pour la Cimatie, & semblablement pour le Project, les six parties estans divisees en autres douze parties, desquelles les trois seront pour la premiere ou inferieure Fascie, quatre pour la seconde, & cinq pour la troisesme Fascie, la largeur de l'Architrabe au dessoubs sera semblable & perpendiculaire avec la grosseur de la colomne par enhault, & la grosseur de l'Architrabe en hault de pareil Project ou Extension que la colomne est au dessoubs. Quant au Zophore ou Phrise, si l'on y veut tailler au dedans quelque chose, il la faudra faire la 4. part plus haulte que l'Architrabe, mais si l'on la laisse vuide, on la fera d'vne quarte part moindre. Sur la Phrise on posera la Cimatic d'icelle, & y faudra avoir la 7. part de la Phrise, & le project aura bien autant, au dessus de la Cimatie on mettra le Denticule ou la Dentille, en la haulteur comme la Fascie du milieu, & le Project comme la haulteur, & la largeur des Dentilles sera de la moitié de leur haulteur, la Côcavité entre les Détilles sera d'vne tierce part plus estroicte, la Cimatie aura la sixiesme part du Denticule, la coronide avec la Cimatic d'icelle sera aussi de la haulteur de la Fascie au millieu, & le project de la Coronide avec le Denticule tiendra autant comme la haulteur des Phrises sera avec la Cimatie, le Schima sera la 8. partie plus haulte que la Fascie du millieu, & sa liste aura la 6. part, le project sera semblable a la haulteur, & ainsi fait on toutes Ecphores ou coings, excepté les coronides (ce dit Vitruve) qui seront tousiours bien seantes en ceste maniere. Item si l'on veut mettre ceste colomne sur vn Stilobate ou Pedestal pour la hausser, il faudra lors que la largeur du corps soit perpendiculaire avec le plinthe de la Base de la colomne, la haulteur sera d'vn quarré & demy & vne sixiesme part s'adjoustera a la Base, & semblablement vne a la coronide, & ainsi sera le Pedestal de la haulteur de huict parties, comme est la colomne. Item dautant que les ouvrages des anciens sont souvent bien differens de la doctrine de Vitruve, partant j'ay fait ici vne autre maniere en ceste Figure de la colomne Ionique, laquelle j'ay tiree dudit Sebastien Serli, touchant l'Architrabe, Phrise & Coronide. L'amateur de ceste science enrendra cecy bien facilement, venons maintenant a la **Corinthiaque**.

## VOICI LA DESCRIPTION DE L'ORDRE ET DES OR-
### NEMENS DE LA CORINTHIA.

Remierement de ce chapiteau Corinthiaque Vitruve escrit, qu'il est fait a cause d'vne vierge de Corinthe, fille d'un Citoyen d'icelle ville. Cesteci estant morte, sa nourrisse ayant assemblé des pots & tuilettes, après en avoir fait quelque monceau sur son sepulchre (car il semble que pour lors il y ait eu vne telle coustume) & mis par dessus vne tuile entiere, il est advenu que dessoubs icelle s'est trouvée quelque racine d'Achante, qui au printemps ayant jetté dehors ses fueilles s'estoit entortillé tout alentour, & croissoit en la maniere des Volutes. Or comme ce fameux Architecte Callimachus (qui pour sa grande science estoit appellé Catechnos) passoit auprés de ce monument, voyant ces fueilles & branches creues de ceste sorte tout alentour de ce test, il en fit ceste nouuelle façon, ayant mis en œuvre la Symmetrie de ce chapiteau, & ainsi ceste colomne a reservé encor ce nom jusques au jourdhuy, comme la colomne Dorique retient encore le sien, semblablement de son autheur Dorus, lequel comme dit Vitruve, l'a ordonnée premierement, ayant jetté les fondemens d'vne ville en Argos, & en icelle basti un Temple, dans lequel il dressa ceste colomne, & ses successeurs de Dorus ont apres nomée la colône Dorique, jusques au jourdhuy. Tournant derechef a la Corinthiaque, avant que de venir au chapiteau, je deduiray quel ordre tient la Base selon l'usage des anciens. Car Vitruve met ce chapiteau assez a la façon Ionique, & la vous laisse ainsi, mais les Anciens Romains (prenans leur esbat assez en celleci, comme en toutes les autres) ont ornée la Base de plusieurs membres, comme il est a veoir au Pantheon, l'un des plus beaux ouvrages, que touchant icelle on pourra veoir dans Rome a S. Marie la Ronde, la ou la Symmetrie est ainsi comme s'ensuit. La colomne est de 9. parties avec la Base & le chapiteau, de laquelle le chapiteau est aussi hault comme la grosseur de la colomne en bas, la Base de la moitié de la grosseur de la colomne, ceste moitié divisée en 4. parties esgales, l'une aura le Plinthe, les autres 3. seront divisées en 5. perquoy le Thore d'en hault aura vne partie, le Thore d'embas la 4. part plus espaisse, ce qui deste estant divisé en 2. l'une partie pour la Scotie en bas avec son Astralague & listes, l'Astralague aura la 6. partie de la Scotie, & chasque liste la moitié de la partie de l'Astralague, la liste ou bandelette du Thore embas aura 2. tierces parties de l'Astralague, la bandelette dessoubs la partie superieure du Thore aura la 3. part davantage que l'autre, & si ceste colomne estoit posée sur vne autre, on la fera Ionique, & si elle gist sur son propre fonds on la mettra comme la Dorique. Item le chapiteau aura la haulteur de la colomne d'embas, comme il a esté dit, dequoy l'Abacque aura la 7. part, le reste divisé en 3. parties, la premiere pour les fueilles d'embas, la 2. pour les fueilles du milieu, la 3. pour les Caulicules ou volutes, lesquelles sont provenantes ou croissantes hors des fueilles inferieures, comme il est a veoir en ces figures, dessoubs l'Abacque vne ceinte ou liste de la moitié de l'Abacque, ce que reste sera divisé en trois, l'un sera la cimatie avec sa liste, l'autre le Plinthe, & au milieu de l'Abacque on mettra une fleur, les fueilles du milieu & du dessoubs come il a esté dit,

N font.

CORINTHIA

## VOICI LA DESCRIPTION
# DE L'ORDRE ET DES OR-
### NEMENS DE LA COMPOSEE.

Ompofita, ou Compofee, eft autant à dire comme meflee, & fe ramaffe enfemble de toutes les precedentes, & pour certain l'Architecte doibt en effect eftre tel, que fouventesfois il puiffe faire de la fimplicité un meflange quand il s'en voudra fervir, venant ainfi les plus fimples & moins ornees au fecours des autres, comme eft la colomne Tofcane, laquelle a efté la plufpart en ufage au plar pays, comment on s'eft fervi de cefte colomne auffi bien dans la ville de Florence comme dehors, & avec quel fcavoir & induftrie des Architectes elle a efté ornee, fe void affez & apparoift encores aujourdhuy abondamment es beaux baftimens & Fabriques de cefte Statue, eftant fort commodement meflee & agencee avec la Dorique & Ionique, par les grands efprits de leurs maiftres, fi qu'a leur memoire eternelle on pourra bien dire avec Plinius que leur louange eft plus grande & immortelle que de ceux la qui les ont fait baftir a leurs defpens. Voire C. Plinius les tient en tel degré d'honneur, qu'il blafme ceux la qui ont efcrit de quelques femblables ouvrages fans en avoir nommé le maiftre & l'inventeur d'icelles, tant s'en faut qu'il ait efté de ceux la qui ont retenu ce Proverbe de leurs Anceftres lourdaux, qui farfoyent plus de cas de l'amour d'argent que deladoctrine, a fcavoir que les recercheurs des fciences n'ont efté que controuveurs de la beface, la ou ces gens (je les pourrois bien appeller lourdes beftes) ne voyent pas qu'il y a tant d'hommes fcavans, qui font parvenus a des moyens & richeffes fi grandes & prifables, fauf encore le los immortel qu'ils ent ont acquis, & laiffé a leur pofterité. Si je les devois tous nommer, & mettre en rang en quel honneur & reputation les Peinctres, Tailleurs de taille douce, Statuaires, Orfevres, Emboffeurs, Architectes, Tailleurs de figures, Tailleurs de marbre, Maiftres Maçons & Charpentiers, &c. qui font tenus, en grande eftime en la Court de l'Empereur, & par tout es Courts des grands Princes de la haulte & baffe Allemagne, Italie & France, je croy que le papier & l'encre me defaudroit, je laiffe a part encore tout le refte de l'Europe. Venant doncques a mon propos touchant ladite colomne Compofee, combien que Vitruve nous enfeigne tant feulement quatre colomnes, fi fault il toutesfois y adjoufter cefte cinquiefme, enfuivant l'authorité & l'ufage des anciens, car Vitruue ne l'a fceu tout comprendre. Cefte ci doncques a efté nommee par les Romains Italique, dautant qu'il femble qu'elle a efté inventee par iceux, comme les autres quatre precedentes par les Grecs. Cefte Compofee ils l'ont faite, pofans la volute de l'Ionique avec l'Echine au Capiteau de la Corinthie, & ainfi elle a efté pour la plufpart en ufage es arcqs Triumphaulx, comme auffi en quelques autres Edifices, avec bon jugement, dautant qu'ils triumphoyent fur ce pays la, a raifon de quoy ces arqs triomphaulx furent erigez & baftis, tout ainfi comme ils ont fait en cefte grande Fabrique du Colifee, la ou ils ont mis ces trois ordres, de rang l'une par deffus l'autre, a fcavoir la Dorique, Ionique, & Corinthiaque, & par deffus toutes cefte Compofee fi qu'il eft fort hault & eflongné des yeux du Spectateur, qui regarde en hault, ils y ont mis dans les Phrises des Mutiles, qui faisoyent l'ouvrage fort riche, & aidoyent au Project de la Cornice, & l'Architrabe, Phrise & cornice semblent estre une cornice tant seulement, a cause des Modillons, dans la Phrise la haulteur de la colomne Composee est faite en dix parties avec la Base & le Chapiteau, la Base est de la moitie de la grosseur de la colomne d'embas, ou tout ainsi comme il a esté dit de la Corinthiaque. Si l'on vouloit estrier ladite colomne de la maniere qu'on fait l'Ionique ou Corinthiaque, selon qu'il plaira a l'Architecte, le Chapiteau comme de la Corinthiaque, faisant les volutes vn peu plus grandes que les Caulicules. Ce chapiteau se void es arcqs triomphaulx de Titus & Vespasianus dans Rome avec la Base susdite, & ici mise en Figure & signee de le lettre A. l'Architrabe, Phrise & cornice, si elle fut haulte pour la veue, l'Architrabe sera aussi hault comme la grosseur de la colomne au dessus. La Phrise ou il y a les Mutiles se fait de la mesme haulteur, la Cimatie se fait de la sixiesme part des Mutiles, le Project des mutiles sera comme la haulteur, la coronne avec la Cimatie, autant haulte que l'Architrabe, est divisee en deux parties esgales, dont l'une aura la coronne, l'autre la Cimatie, le project d'icelle sera comme la haulteur, & ce quant au commun vsage. J'ay ici mis plusieurs Figures de diverses sortes, qui serviront a l'Architecte, desquelles les membres en particulier serviront pour instruction & exemple, pour les imiter, venant au Stilobate duquel le corps sera vne fois si hault comme il est large, & cecy divisé en huict parties, vne d'icelles l'on adjoustera a la Base & vne a la Coronne, suivant la commune reigle, car puis que ceste colomne est la plus delicate de toutes les autres, il faut que le Pedestal en soit aussi plus gratieux & plus deslié, par dessus toutes les autres. De ceste Composee on n'en void gueres de bastimens sinon des Arcqs triomphaulx comme il a esté dit, mais suyvant ceste reigle ici mise, l'Architecte la pourra faire & s'en servir comme il luy plaira, comme semblablement des Figures ici taillees il accommodera de la veue d'icelles. Et cecy servira pour le plus court enseignement touchant la Colomne Composee.

COMPOSITA

80.

SENSVIT VNE CLAIRE

# INSTRVCTION
## DES QVATRE SORTES
### DE SYMMETRIE.

Ombien qu'il y a quelque endroict ou place en l'Architecture, la ou l'on ne peut donner de reigles certaines, si est ce toutesfois, qu'il y a des lieux, ou les colomnes avec leurs positions differentes, monstrent en elles mesmes diverses Mesures. Ce changement advient quand la Colomne est debout en vne Isle sans aucune autre Colomne davantage, ou sans piliers a l'assistance d'icelle, ces Colomnes portent grand poids, comme il est a veoir & se monstre en ceste Figure presentement signee de la lettre A. En cas qu'on la joigne a la paroy ou muraille estant aussi ronde, ceste muraille aidant a porter la colomne, on la peut faire plus haulte de la grosseur de la colomne, comme se void en l'exemple de la Colomne signee de B. & si l'on tire les deux tiers de la muraille, on la poutra faire encore plus haulte d'vne grosseur, & ainsi on en void en quelques Edifices jusques a neuf grosseurs & vne demye, cela se void au Colisee a l'ordre Dorique, ici monstré & signé a la colomne de C. & quand elles ont au costé des Pilastres, lors le poids vient pour la pluspart sur ces Pilastres, & peut on alors faire la colomne bien gracieuse & delicate, voire autant que l'on la mettra plus pour ornement que pour la force encore peut on mettre vne colomne deux tiers hors de la muraille, & y poser a chasque costé vne demie colomne, par dessus lesquelles ceste colomne se pourra diriger en haulteur, comme l'exemple cy devant allegué monstre en la colomne D. Et si la colomne tenoit aucun poids sans aide d'autres colomnes lors il n'est nullement permis de sortir hors de ceste reigle, & si elles ont a tenir rangs sur rangs, on est contrainct de faire la colomne tant plus espesse, & si les colomnes sont assez haultes sans Stilobate, on les mettra dans l'ordre inferieur, mais sur le second & troisiesme rang ou ordre serviront les Pedestaulx fort bien pour la haulteur, tel rang ont tenu & bien observé les anciens Romains es Theatres & Amphithearres. Item le Project de la Colomne estant debout en hault ne peut sortir davantage, que la grosseur de la colomne d'embas, & le Project de la Base de la colomne sera appuyé sur le massif de son Pedestal, & estât posé la dessus, la colomne sera le quart moins, d'embas tant en haulteur comme en grosseur le project de la Base comme les Pedestaulx, ainsi que se void en la colomne signee de la lettre A. Et ce selon la doctrine de Vitruve se demonstre assez bien, mais si l'on ne vouloit tant amoindrir la colomne, on pourra faire le dessus de la colomne embas de la grosseur de la colomne inferieure en hault, l'exemple est en la colomne B. & ceste cy a esté faite au Theatre de Marcellus. Dans le Colisee les colomnes sont de l'Ionique, Corinthiaque, & Composees toutes d'vne espaisseur, la Dorique est au

X                                                                                             dessoubs

deſſoubs environ d'une vingtieſme part plus groſſe, & cecy a cauſe de la haulteur de l'ouvrage. Mais ſi icelles fuſſent amoindries la quarte partie, le proſpect en hault fut tombé trop petit, de ceci l'exemple ſe void à la colomne C. Item ſi l'on veut faire des Edifices de moyenne ſorte eſtans de trois rangs, la meilleure reigle eſt de faire la quarte part moins ſelon la doctrine de Vitruve. Et combien que nous ayons icy mis en avant ces Figures ſelon l'ordre de la Dorique, ſi eſt ce toutesfois que l'on la peut faire en toutes ſortes de colomnes ſelon l'amoindriſſement ſuſdit. dequoy les Figures vous donneront plus de ſatisfaction, &c.

Ainſi fait a la demande des bons Amis.

*Imprime a Amſterdam l'An.* 1617.

AA

DD

COMPOSITA.

I. de vriese inventor.

Paul. vred. vriese Inventor.   THVSCANA

P.V. vriese inventor.　　DORICA.　　2.　　AVDITVS.　　Hondius formis　　GG

P. V vriese invent.   IONICA. 3. DOR   H ondius formis Cum priuill.  HH.

CORINTHIA 4. GVSTVS.

Paul. de vriese, Invent.    COMPOSITA. TACTVS.    H form. Cum privil. KK

CVBICVLVM INTROSPICIENTIBVS MODERNVM.

TEMPLVM

*Templum Introspicientibus modernum. bonr bonâtus sculpsit.*

OO

*Templum Introspicientibus modernum* Hour. bondius Sculpsit.

OO

www.ingramcontent.com/pod-product-compliance
Lightning Source LLC
Chambersburg PA
CBHW070513100426
42743CB00010B/1823